PAULUS VENNEBUSCH

HANDBUCH
FÜR
WAHRE HELDEN

arsＥdition

Inhaltsverzeichnis

HELDEN WIE WIR

Es gibt Tatsachen, die man nicht zur Diskussion stellen muss. Sie sind so sicher wie das Amen in der Kirche. Tatsachen eben. Kommen wir also zur Sache und stellen fest:

Männer sind Helden.

Das ist unumstritten. Zumindest unter uns Männern. Seit Jahrtausenden haben wir an unserer eigenen Helden-Geschichte gestrickt (besser gesagt: Wir haben sie geschrieben. Denn echte Helden stricken nicht!). Wir haben Kinder gezeugt, Bäume gepflanzt und Häuser gebaut. Wir haben gejagt, regiert und gekämpft. Wir sind geklettert, gesprungen und geflogen. Wir haben erobert, rückwärts eingeparkt und niemals nach dem Weg gefragt. All das tun wir bis heute – und zusätzlich wird von uns Männern erwartet, dass wir vegan kochen, unsere Namen tanzen und den WLAN-Router einrichten können. Alles kein Problem. Denn wir sind ja, wie eingangs bereits erwähnt, Helden – Helden des 21. Jahrhunderts.

Um diesen Anspruch jederzeit erfüllen zu können, stehen uns zahlreiche Ratgeber zur Verfügung, die erklären, wie man ein Passagierflugzeug landet, 14 Tage allein im Wald überlebt oder mit einer Nagelfeile einen Baum fällt.

Und trotzdem kommen selbst die größten Helden immer wieder in Situationen, in denen sie alles andere als heroisch dastehen. Sogar Superman kann keinen Döner essen, ohne seinen Umhang vollzukleckern. Und auch sein Kollege aus Gotham City ist alles andere als perfekt – angeblich soll er sein Batmobil sogar schon mal auf einem Frauenparkplatz abgestellt haben.

Dieses Buch verrät nicht, wie man Haie angelt oder die Welt rettet – aber es kann dabei helfen, kleine Pannen, Fettnäpfchen und Peinlichkeiten heldenhaft und souverän zu meistern. Und seien wir ehrlich: Solche Situationen kommen häufiger vor, als uns lieb ist. Und erst recht häufiger, als die Notwendigkeit, ein Passagierflugzeug landen zu müssen.

P.S.: Dieses Buch ist nur für wahre Helden. Heldinnen brauchen es nicht zu lesen. Sie machen eh alles richtig (behaupten wir um des lieben Friedens willen).

WO HELDEN WOHNEN ...

MUT	(Region Akdeniz, Türkei)
HELDSDORF	(Siebenbürgen, Rumänien)
STARKSTADT	(heute Stárkov, Tschechien)
TRAUSTADT	(Kreis Schweinfurt)

... UND WO BESSER NICHT:

LUSCHENDORF	(Ostholstein)
WEICHTAL	(Niederösterreich)
MEMMENBURG	(Niedersachsen)
FEIGENDORF	(Kreis Bamberg)

DER WAHRE HELD
★
UNTERWEGS

WIE MAN OHNE NAVI ANS ZIEL KOMMT

Der legendäre 007-Tüftler „Q" hat James Bonds Autos mit vielen spektakulären Gadgets wie Schleudersitz, Wechselkennzeichen und Raketenwerfer ausgestattet. Aber: Hatte 007s Aston Martin jemals ein Navigationsgerät? Nein. Oder hat man James Bond auch nur einmal mit einem Straßenatlas hantieren sehen? Natürlich nicht.

Denn Helden fragen nicht nach dem Weg. Wäre Christoph Kolumbus mit Navi unterwegs gewesen, hätte er nicht Amerika entdeckt. Und wer weiß, ob Neil Armstrong auf dem Mond gelandet wäre, wenn Frau Armstrong neben ihm gesessen und gesagt hätte: „Du, Neil, ich glaube, hinter diesem Meteor hätten wir links gemusst ..."

Auch du verlässt dich auf deinen eigenen Orientierungssinn. Zum Beispiel beim romantischen Wochenendtrip nach Paris. Das Navi schaltest du selbstverständlich aus. In Gedanken siehst du euch schon Arm in Arm über die Champs-Élysées schlendern. Doch als am Horizont die Silhouette des Kreml erscheint, sagt sie: „Schatz, ich glaube, du hast dich verfahren."

Verdammt! Wie kommst du aus DER Nummer wieder raus?

DREI WEGE, UM OHNE NAVI NACH PARIS ZU KOMMEN:

- Du steigst wutentbrannt aus dem Wagen und schreist deine Beifahrerin an: „Wenn du alles besser weißt, fahr DU doch!"

- Du springst über deinen Schatten und fragst die russische Bäuerin am Straßenrand nach dem Weg. Die erklärt dir die 2 842 Kilometer lange Strecke nach Paris absolut idiotensicher. Sicherheitshalber schreibt die Partnerin mit.

- Du lächelst und sagst: „Ich stelle hier nur den Wagen ab, weil es so schwer ist, in der Pariser Innenstadt einen Parkplatz zu finden. Den Rest gehen wir zu Fuß." Und weil du ein echter Held bist, fügst du hinzu: „Ich trag dich auch."

WIE MAN IN JEDE PARKLÜCKE KOMMT

Jahrzehntelang hielt sich hartnäckig das Vorurteil, Frauen könnten schlechter einparken als Männer. Das ist natürlich völliger Blödsinn und dazu auch noch diskriminierend. Denn selbstverständlich können Männer genauso schlecht einparken! Nur geben sie das nicht so gern zu. Schließlich sind sie Helden. Und die kommen überall rein. In die Zeitung. In den Himmel. Und in jede noch so kleine Parklücke.

Selbstverständlich lehnst du als wahrer Held jegliche Art von Einparkhilfe ab. Erst recht die elektronischen Parksensoren. Du gewinnst ja auch nicht die Tour de France mit einem E-Bike. Und du brätst deine Steaks nicht auf dem Elektrogrill. Und auch den hilfsbereiten Passanten, der dir wie ein Fluglotse per Handzeichen die verbleibenden Zentimeter bis zur nächsten Stoßstange anzeigen will, weist du freundlich, aber bestimmt in die Schranken. Helden parken selber ein. Koste es, was es wolle (du bist ja Vollkasko versichert).

Wie du allerdings mit deinem 4,80 Meter langen Kombi in die 4,79 Meter kleine Parklücke kommen willst, ist den umstehenden Beobachtern ein Rätsel. Und wenn du ehrlich bist: dir auch. Aber gerade vor Publikum willst du dir keine Blöße geben. Also rangierst du, als gäb es kein Morgen. Nach dem siebzehnten Versuch bist du die hämischen Blicke der Passanten leid. Ein echter Held parkt, wo er will. Auch hier.

DREI MÖGLICHKEITEN, IN ZU KLEINE PARKLÜCKEN ZU KOMMEN:

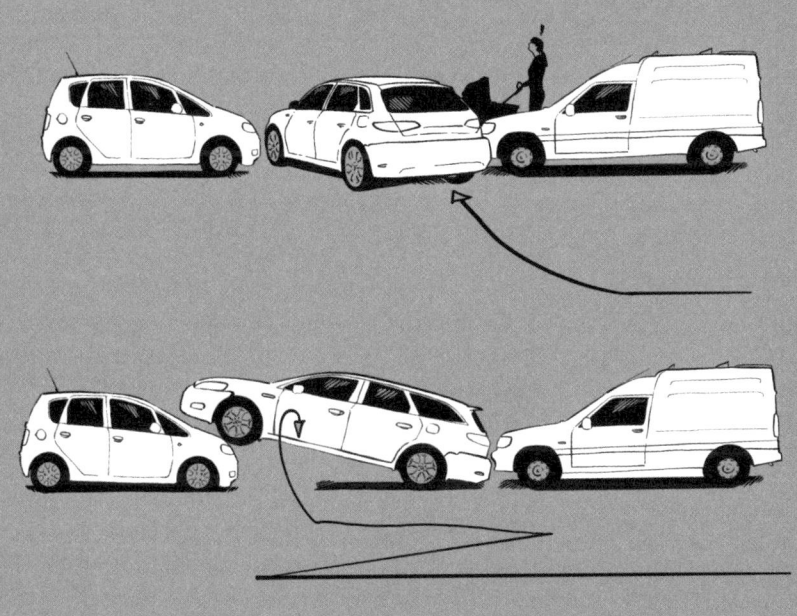

WIE MAN ANKOMMT, OHNE NACH DEM WEG ZU FRAGEN

Pablo Picasso war nicht nur einer der bedeutendsten Künstler des 20. Jahrhunderts, er war auch ein echter Held – genau wie du. Darum könnte das berühmteste Zitat des Malergenies auch von dir sein: „Ich suche nicht, ich finde."

Deine Reisebegleitung hat im Reiseführer „Mallorca auf Schleichwegen" von einem abgelegenen und einsamen Traumstrand gelesen. Da will sie hin! Natürlich wirst du ihr diesen Wunsch erfüllen. Die Wegbeschreibung ist simpel: Küstenstraße Richtung Andratx, hinter Valldemossa rechts die Serpentinenstraße zum Hafen, Auto abstellen, zwei Kilometer zurücklaufen, und an Kilometerstein vier geht es links zur Bucht. Das kannst du dir merken. Du bist ja ein Held. Also bleibt der Reiseführer im Hotel.

Schon acht Stunden später stellst du euer Auto ab (deine Alternativroute war zwar 150 Kilometer länger, aber dafür habt ihr mehr gesehen als andere Touristen – zum Beispiel eine Müllverbrennungsanlage, die in keinem Reiseführer erwähnt ist).

Jetzt geht es zu Fuß weiter. Wie war das noch? Vor oder zurück zu Kilometerstein ... ähm ... vier oder fünf ... und dann ... egal: Du marschierst los. 45 Kilometer später sagst du: „Wir sind da!" Du breitest dein Badehandtuch aus. Mitten im Abflugterminal des Flughafens. Und du weißt genau, was jetzt kommt: „Hättest du mal nach dem Weg gefragt."

„Hätte, hätte, hätte." Jetzt sei ein Held. Red dich raus!

AUSREDE 1:

„Ich hatte das Gefühl, es könnte heute noch regnen. Darum dachte ich: Suche ich uns was Überdachtes."

AUSREDE 2:

„Hallo? Ein Sonnenbad mitten im Terminal? Also wenn DAS kein Geheimtipp ist!"

AUSREDE 3:

„Schatz, Überraschung – in einer Stunde geht unser Flieger nach Bali – da gibt es noch viel schönere Strände!"

WIE MAN EIN WURFZELT BÄNDIGT

Camping ist eine feine Sache. Das einfache Leben in der Natur bietet die perfekte Abwechslung zum stressigen Alltag. Hier kannst du entspannen, denn auf dem Campingplatz gibt es keinen Leistungsdruck. Zumindest bis zu dem Tag deiner Abreise. Denn natürlich schaut der ganze Campingplatz dabei zu, wie du versuchst, dein Wurfzelt wieder zusammenzulegen. Erfahrene Camper wissen: Das verspricht jede Menge Comedy.

Der Aufbau war noch ein Kinderspiel: Innerhalb weniger Sekunden entfaltete sich dein Zelt wie von Geisterhand. Du musstest nur noch die Heringe in den Boden schlagen und schon stand das Ding. Gesamtaufbauzeit: drei Minuten. Unter deiner Leitung wäre selbst der Berliner Flughafen pünktlich fertig geworden.

Der Abbau gestaltet sich hingegen schwieriger. Du drückst eine Zeltstange hinunter – sie schnellt wieder hoch. Du hältst es für eine gute Idee, die Seitenteile aufeinanderzulegen – die beiden sehen das anders. Endlich hast du es geschafft, das Zelt irgendwie zusammenzufalten, aber jetzt passt das Paket nicht mehr in die Transporttasche.

Während du noch darüber nachdenkst, wo denn bloß der Fehler lag, lässt du kurz das Paket los, und Sekunden später steht das Zelt wieder in voller Pracht da. Ganz ohne dein Zutun. Das Publikum ist begeistert! Das Einzige, was du jetzt tun kannst, ohne dein Gesicht zu verlieren, ist zu rufen: „Es ist so schön hier – ich bleibe noch eine Woche!" Und fürs nächste Mal heißt es dann: Üben, üben, üben!

ABBAUANLEITUNG WURFZELT:

DU HAST NIE BEHAUPTET, DU SEIST

SUPERMAN – ABER HAT

MAN SUPERMAN UND DICH JEMALS

IN EINEM RAUM GESEHEN?

DER WAHRE HELD
★ UND ★
DER SPORT

WIE MAN IM FREIBAD GUT RÜBERKOMMT

Der Sommer ist die ideale Jahreszeit, um dich in der Öffentlichkeit als wahrer Held zu präsentieren. Und der beste Ort, um deine körperliche Fitness zur Schau zu stellen, ist das Freibad. Du siehst toll aus. Denn Helden haben keinen Bauch – sie haben auf ihren Hüften lediglich Energiereserven für kommende Heldentaten angelegt. Das sehen die anderen Badegäste offenbar auch so, denn du ziehst alle Blicke auf dich (was allerdings auch an deiner zugegebenermaßen etwas aus der Mode gekommenen Diddlmaus-Badehose liegen könnte).

Doch du willst mehr. Aufmerksamkeit reicht nicht. Du willst Begeisterung. Also erklimmst du den Sprungturm, vorbei am Dreier, vorbei am Fünfer – dein Revier ist das Zehnmeter-Brett. Dort baust du dich an der Sprungbrettkante auf und federst so lange auf den Zehen, bis jeder mitbekommen hat, dass in wenigen Momenten etwas Großes geschehen wird. Du schließt die Augen, konzentrierst dich, gehst in Gedanken alle Bewegungsabläufe durch. Noch einmal tief durchatmen. Und dann springst du. Dreifacher Auerbachsalto mit zweieinhalbfacher Schraube. Perfekte Eintauchphase. So springen Helden.

Geschmeidig wie ein Delfin tauchst du zur Pool-Leiter. Und in dem Moment, als du deinen Astralkörper aus dem Wasser stemmen willst, bemerkst du: Deine Badehose ist weg!

Wie unangenehm. Und nun?

SCHLECHTE LÖSUNG:

Du bleibst bis Ende September im Wasser. Dann ist die Freibad-saison vorbei und du kannst unbeobachtet das Becken verlas-sen.

GUTE LÖSUNG:

Du entreißt einem Kind am Beckenrand sein Eis und benutzt die Waffel als Suspensorium.

BESTE LÖSUNG:

Du steigst selbstbewusst aus dem Becken und stimmst spontan deine persönliche Variante von „Atemlos durch die Nacht" an: „Hosenlos durch das Bad."

WIE MAN EINE TANZFLÄCHE EROBERT

Kannst du dir vorstellen, eine wackelige Hängebrücke über einer tiefen Schlucht zu betreten?
Würdest du ein Floß besteigen, um den Atlantik zu überqueren?
Und bist du schon mal statt auf eine Leiter auf zwei Wasserkästen geklettert, um Gardinen aufzuhängen?

Die Antwort wird lauten: dreimal Ja! Denn als Held fühlst du dich auf jedem Untergrund sicher. Es gibt keinen Ort, den du nicht mit Schwung und Selbstbewusstsein betrittst. Es sei denn, es handelt sich um eine Tanzfläche.

Eine Tanzfläche ist für dich wie eine Sumpflandschaft: Kaum bist du drauf, hast du das Gefühl, im Boden versinken zu müssen. Tanzen ist einfach nicht dein Ding. Weißt du noch? Einmal musstest du als Kind deinen Namen tanzen. Darauf riefen alle anderen Kinder: „Hallo, Mfgapfggrfxxw!"

Was bei deinen Mitmenschen rhythmisch und sexy aussieht, wirkt bei dir wie ein Ganzkörperkrampf. Wenn sich die Musik nach deinen Bewegungen richten müsste, würden sich alle die Ohren zuhalten.

Aber es hilft nichts. Nur am Rand zu stehen und mit dem Fuß zu wippen, ist eines Helden nicht würdig. Irgendwann musst du raus.

Also tu es! Und so geht es:

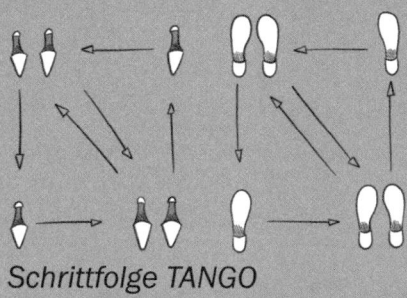

Schrittfolge TANGO

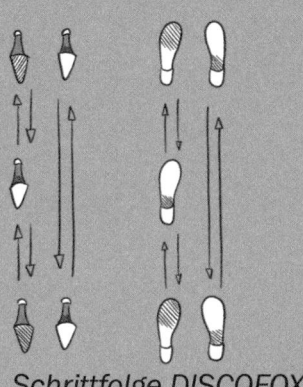

Schrittfolge DISCOFOX

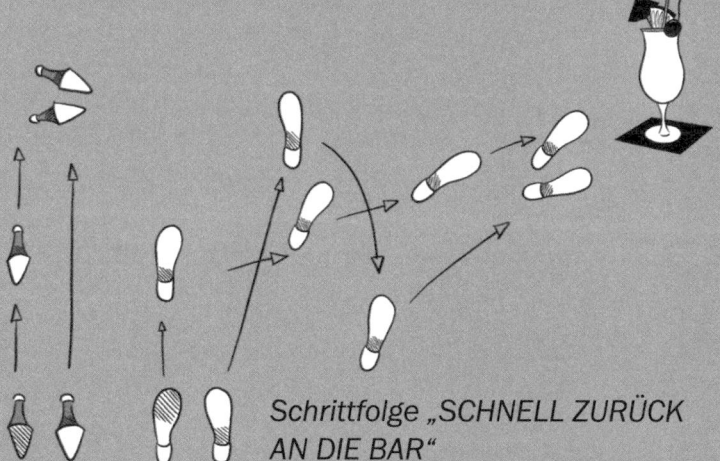

Schrittfolge „SCHNELL ZURÜCK
AN DIE BAR"

21

WIE MAN BEIM HALBMARATHON SEIN GESICHT WAHRT

Jeder wahre Held hat seine persönliche Löffelliste mit großen Herausforderungen, denen er sich noch stellen möchte. Neben individuellen Träumen findet man auf diesen Listen auch Klassiker wie einen Fallschirmsprung, den Jakobsweg oder auch einen Marathonlauf.

Wem der Sprung aus dem Flugzeug zu aufregend und der Pilgerweg zu langweilig ist, nimmt die 42 195 Kilometer lange Laufstrecke ins Visier. Das ist nicht wenig, aber es klingt machbar für dich. Zumindest im ersten Moment.

Bei deiner Recherche erfährst du allerdings, dass Pheidippides, der erste Marathonläufer der Geschichte, im Jahre 490 vor Chr. am Ziel tot zusammengebrochen sein soll. Das Risiko ist dir dann doch zu hoch. So entscheidest du dich für die halbe Distanz: 21 097,5 Kilometer sind ja auch schon was. Vor allem, wenn man sich – wie du – nicht vorbereitet. Wozu auch? Du läufst schließlich schon seit deinem zweiten Lebensjahr. Wenn du also eins kannst, dann ist das Laufen!

So gibst du bei einer der zahlreichen Halbmarathon-Veranstaltungen dein Debüt als Langstreckenheld. Die ersten 400 Meter geht es dir noch richtig gut, nach 800 Metern fühlst du dich so ähnlich wie Pheidippides kurz vor Athen, und spätestens als du bei Kilometer zwei von den ersten Hausfrauen, Senioren und Übergewichtigen überholt wirst, wird dir klar: Du solltest deine Strategie ändern.

Hier drei Vorschläge:

➤ Du rufst den Zuschauern zu: „Ich laufe extra so langsam, weil ich jede Sekunde dieses tollen Events auskosten will!"

➤ Du drückst einem Streckenposten 100 Euro in die Hand und lässt dich den Rest der Strecke tragen.

➤ Du reißt die Arme hoch und bleibst mit den Worten stehen: „Hurra! Geschafft! Mein erster Zwanzigstel-Marathon!"

23

WIE MAN BEIM STAND-UP-PADDELN EINE GUTE FIGUR MACHT

Im Sommer zieht es Helden an den Strand. Denn dort können sie alles zeigen: ihren Heldenkörper, ihre Heldenkräfte und ihre Heldengeschicklichkeit. Früher reichten eine Taucherbrille und ein paar Flossen, um sich mindestens so heroisch zu fühlen wie Jacques Cousteau und Käpt'n Ahab zusammen. Heute ähneln Strände eher der Open-Air-Version vom Supertalent. Du musst schon etwas bieten, um Aufmerksamkeit zu erregen.

Eine gute Möglichkeit, um den Wow-Effekt auszulösen, ist Stand-up-Paddling. Es sieht einfach cool aus, lässig wie ein Indianerhäuptling mit dem Board aufs Meer hinaus zu paddeln. Und schwer kann es auch nicht sein, denn ein Blick aufs Meer zeigt: Sogar Kinder bewegen sich mit traumwandlerischer Sicherheit auf ihren SUP-Boards.

Also leihst du dir Board und Paddel und nimmst die gut gemeinten Ratschläge des Verleihers entgegen: erst mal im Sitzen paddeln, später auf den Knien, und erst, wenn man sich wirklich sicher fühlt, im Stehen.
Du machst es natürlich anders und paddelst sofort im Stehen los. Und erst danach im Knien. Und am Ende dann im Sitzen. Zwischendurch taumelst du herum. Sehr peinlich. Oder wie die anderen Badegäste sagen würden: „Sehr lustig!"
Um dein Gesicht nicht komplett zu verlieren, paddelst du an Land und rufst: „So geht Yoga-Paddling! Wer will auch mal?" Und während die Strandbesucher noch darüber nachdenken, ob das dein Ernst ist, verschwindest du schnell im Hotelzimmer, welches du bis zum Abreisetag nicht mehr verlässt.

HELDENHAFTE YOGA-FIGUREN BEIM STAND-UP-PADDLING:

DER HERABSTÜRZENDE HUND

DER WACKELIGE KRIEGER

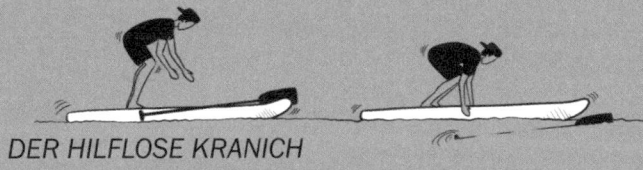

DER HILFLOSE KRANICH

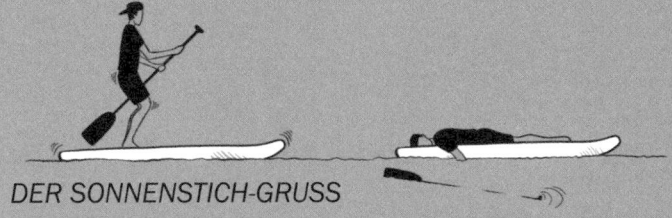

DER SONNENSTICH-GRUSS

BATMAN: SINGLE.

SUPERMAN: SINGLE.

SPIDER-MAN: SINGLE.

BIST AUCH DU EIN **SUPERHELD**?

DER WAHRE HELD

★ UND ★

DIE LIEBE

WIE MAN SEINE LIEBSTE WÄRMT

Eine Umfrage unter Superhelden hat drei interessante Ergebnisse geliefert:

- ➢ Spider-Man hatte noch nie eine Mittelohrentzündung.
- ➢ Jason Bourne besitzt keine Angora-Unterwäsche.
- ➢ Und Captain America wurde noch nie dabei gesehen, wie er mit Kamille inhaliert.

Auch dir kann Kälte nichts anhaben. Denn wahre Helden frieren nicht. Und wenn, dann nur in den Monaten mit „O" (also von Oktober bis September).

Aber auch Helden kennen ihre Grenzen. Darum hast du dir für den frühsommerlichen Abendspaziergang eine Jacke übergeworfen – anders als deine Begleitung, die jetzt erst merkt, dass es sich ab 21 Uhr dann doch empfindlich abkühlt. Der Klassiker: Ihr sitzt zu zweit auf einer Parkbank, schaut händchenhaltend in den Sternenhimmel, und plötzlich beginnt sie zu zittern, als hättest du sie in eine Eistonne geworfen. Blitzschnell kombinierst du: Die Frau will deine Jacke! Du wägst ab: Bin ich Gentleman und überlasse sie ihr (mit der Folge, dass ich am nächsten Tag garantiert mit 41 Grad Fieber und Schüttelfrost im Bett liege)? Oder tu ich so, als hätte ich nichts bemerkt und muss nicht frieren? Doch Sekunden später nimmt sie dir die Entscheidung ab, indem sie fragt: „Schatz, krieg ich deine Jacke?" Äh ... wie sagst du es ihr? Vielleicht so ...

Die fünf besten Ausreden, seine Jacke nicht abzugeben:

→ „Ich würde sie dir ja gerne geben, aber ich habe eben in den Nachrichten gehört, die Polizei fahndet nach einer Serienkillerin in einem beigen Herrenblouson. Du könntest dich verdächtig machen!"

→ „Klar, du kannst sie haben. Aber du solltest wissen, dass du darin aussiehst wie ein Nilpferd!"

→ „Du zitterst vor Erregung, stimmt's? Also lasse ich meine Jacke besser an, damit ich dich mit meinem Astralkörper nicht noch wuschiger mache!"

→ „Gern, wenn ich im Tausch dafür deine Bluse bekomme!"

→ „Schatz, tut mir leid – es ist aus!"

WIE MAN SICH DEN VALENTINSTAG MERKT

Auch Helden sind nur Menschen. Darum kann es passieren, dass auch du mal einen Fehler machst. Zum Glück bleiben viele Fehler ohne Folgen. So würde James Bond seine Situation nicht spürbar verschlechtern, wenn er Dr. No bei einer Verfolgungsjagd versehentlich mit „Dr. Specht" anspricht. Und niemand lacht über Superman, nur weil der glaubt, man könne nicht durch Glas gucken (die einzige Erklärung dafür, dass er sich ausgerechnet in Telefonzellen umzieht).

Es gibt aber auch Fehltritte mit fatalen Folgen. Die solltest du auf jeden Fall vermeiden. So wäre es gut, beim Entschärfen einer Bombe den roten Draht nicht mit dem blauen zu verwechseln. Aber noch viel, viel schlimmer ist es, den wichtigsten Tag des Jahres zu vergessen: den Valentinstag!

Denn nach diesem Super-GAU hilft alles Heldentum nichts mehr. Dann ist alles vorbei. Aus der Nummer würde nicht mal Chuck Norris rauskommen. Also:

Save the Date!

➤ Tätowiere dir den Termin in Spiegelschrift auf die Stirn!

➤ Oder aber merke dir eine der folgenden Eselsbrücken:

So vergisst du nie wieder den Valentinstag:

➤ Wenn du den Valentinstag vergisst, wäre das der Gipfel. Stichwort „Gipfel": Der erste Skilift der Welt wurde 1908 in Betrieb genommen. Und zwar genau am 14. Februar!

➤ Valentinstag ohne Blumen? Das gibt Ärger, wetten? Apropos „Wetten": Am 14. Februar 1981 lief die erste Folge „Wetten, dass..?"

➤ Ohne Blumen bist du schnell wieder solo. Noch seid ihr ein Duo. Also denk an ein Trio: Die drei Fußballstars Kevin Keegan, Hans Krankl und Ángel Di María haben alle am 14. Februar Geburtstag!

Zu kompliziert? Dann bring deinem Herzblatt einfach jeden Tag Blumen mit. So kannst du sicher sein, am Valentinstag nicht mit leeren Händen dazustehen.

WIE MAN BEI EINEM HEIRATSANTRAG COOL BLEIBT

Er gehört zu den emotionalsten Momenten im Leben eines jeden Mannes: der Heiratsantrag. Vielleicht hast du lange gesucht, bis du endlich den Partner gefunden hast, mit dem du dein Heldenleben lang zusammenbleiben möchtest. Vielleicht ist es aber auch die große Liebe auf den ersten Blick, der du bereits nach dem ersten Kuss den Ring an den Finger stecken möchtest.

So oder so: Ein schnöder Heiratsantrag mit Candle-Light-Dinner und roten Rosen ist nicht dein Stil. Denn das machen alle. Wenn du schon jemandem die Chance auf eine Ehe mit einem Hauptgewinn wie dir gibst, dann muss es auch richtig krachen!

Dein Plan: Du überraschst deine Herzdame (oder deinen Herzbuben) mit einer Fahrt im Heißluftballon. In 1 500 Metern Höhe servierst du Champagner und einen köstlichen Krabbencocktail, in dem du den Verlobungsring versteckt hast. Natürlich keinen profanen Goldring, sondern ein kunstvoll handgeschmiedetes Einzelstück aus Nickel.

Ein guter Plan. Nur leider hast du vergessen, dass dein Herzblatt Höhenangst hat, an einer Fisch- und Nickelallergie leidet und außerdem noch strikt auf Alkohol verzichtet. Statt einmal „Ja" hörst du viermal „Nein". Und nun?

Drei Wege, mit einem abgelehnten Heiratsantrag umzugehen:

→ Du versuchst das Ganze noch mal, diesmal aber in der U-Bahn. In 30 Metern Tiefe servierst du eine Capri Sonne und einen köstlichen Schokoriegel, in dem du deinen Verlobungsring versteckt hast. Natürlich kein kunstvoll handgeschmiedetes Einzelstück aus Nickel, sondern einen profanen Goldring.

→ Du sagst: „Okay, akzeptiert. Denn jetzt, wo ich deine Allergien und Ängste kenne, will ich dich eh nicht mehr heiraten."

→ Du sagst: „Ich lasse dich jetzt eine Viertelstunde allein, damit du noch mal in Ruhe über deine Entscheidung nachdenken kannst." Dann springst du aus dem Ballonkorb.

WIE MAN EINE SPINNE FÄNGT

Deine genetischen Vorfahren waren Jäger. Sie haben sich mit Mammuts gemessen, Wale aus dem Ozean gezogen und Bären erlegt. Das wird von Helden des 21. Jahrhunderts nicht mehr erwartet. Im Gegenteil: In jedem Single-Portal ist ein Profilfoto mit Jagdgewehr und toter Giraffe die Garantie dafür, dass man solo bleibt.

Frauen lieben Tiere. Zumindest, solange sie maximal vier Beine haben. Denn bei Spinnen hört für sie die Liebe auf. Darum ist das Entfernen von Spinnen definitiv ein Job für wahre Helden.

Grundsätzlich gibt es Spinnen in zwei Größen: Für eine Frau ist eine Spinne mindestens doppelt so groß wie für einen Mann. Wenn deine Liebste also aus dem Badezimmer stürmt und schreit: „Iiiih, da ist eine Spinne, so groß wie ein Bierdeckel – tu was!", kannst du diese Aufgabe entspannt angehen. Denn die Wahrscheinlichkeit, dass es sich um ein winziges Tierchen handelt, ist ebenfalls so groß wie ein Bierdeckel.

Also begibst du dich ins Bad und siehst sofort, was sie mit „groß wie ein Bierdeckel" gemeint hat: Die Spinne ist … groß wie ein Bierdeckel! Und damit auch für dich ein Grund zur Flucht.

Voll peinlich! Und nun?

SCHLECHTE LÖSUNG:

Du stürmst aus dem Badezimmer und schreist: „Iiiih, da ist eine Spinne, so groß wie ein Bierdeckel – tu was!"

GUTE LÖSUNG:

Du sagst: „Schatz, ich habe im Netz gerade ein echtes Traumhaus entdeckt. Lass uns umziehen!"

BESTE LÖSUNG:

Du sagst: „Ich kann dem Tier nichts antun. Seine Beine erinnern mich zu sehr an deine – nicht so schön, aber so behaart." Bis sie sich wieder beruhigt hat, ist die Spinne längst über alle Berge.

„EIN WESTERN FÜR ERWACHSENE
IST EIN FILM, IN DEM DER HELD
KLÜGER IST ALS SEIN PFERD."

JIM LAKER (1922–1986), BRITISCHER
KRICKETSPIELER

DER WAHRE HELD

★ UND ★

DIE KULTUR

WIE MAN MODERNE KUNST VERSTEHT

Als wahrer Held des 21. Jahrhunderts bist du natürlich auch auf dem kulturellen Parkett zu Hause. Museum, Theater, Konzertsaal – für dich die ideale Umgebung, um dich als weltoffener Kulturkenner zu präsentieren.

Darum ist es für dich eine Selbstverständlichkeit, auf der Vernissage des aufstrebenden Bildhauers vorbeizuschauen, dessen Preise gerade durch die Decke gehen. Mit Expertenblick schlenderst du an den Exponaten vorbei, nickst anerkennend und studierst die Preisliste (deine Verwunderung darüber, dass ein mit Rasierschaum beschmierter Stahlblock so teuer ist wie ein Einfamilienhaus, behältst du für dich).

Beim Verlassen der Galerie nimmst du mit lässigem Schwung dein Sakko vom Garderobenständer – und hast auf einen Schlag zwei Probleme. Erstens: Der Garderobenständer kommt aus dem Gleichgewicht und zerbricht mit lautem Krachen auf dem Boden. Zweitens: Der Garderobenständer ist kein Garderobenständer, sondern das Meisterwerk „Urban Angel II".

250 entsetzte Augenpaare richten sich auf dich. Nicht gut. Und jetzt?

Kommt darauf an, was für ein Typ du bist:

DER FEIGE TYP:

Du reißt der Galeriemitarbeiterin das Tablett mit dem Prosecco aus der Hand, trinkst alle 13 Gläser auf einmal aus und hoffst, dass Gras über die Sache gewachsen ist, bis du wieder aufwachst.

DER PRAGMATISCHE TYP:

Du löst deine Lebensversicherung auf und kaufst das Werk. Von den 380 000 Euro Kaufpreis ziehst du in Gedanken die 29,90 Euro ab, die du sowieso für einen neuen Garderobenständer ausgegeben hättest.

DER WAHRE HELD:

Du bietest dem Galeristen die soeben neu entstandene Arbeit „Fallen Urban Angel I" zum Kauf an. Für die künstlerische Leistung, die du zur Entstehung dieses epochalen Gemeinschaftswerks beigesteuert hast, berechnest du einen fünfstelligen Freundschaftspreis.

WIE MAN SEINEN MUSIKGESCHMACK VERTEIDIGT

Was hört ein wahrer Held am liebsten? Natürlich, dass er ein toller Typ ist und über einen exzellenten Geschmack verfügt. Darum ist deine Musiksammlung auch alles andere als gewöhnlich. Chart-Stürmer wie Coldplay, Helene Fischer oder Sting sucht man bei dir vergeblich. Stattdessen: finnischer Experimentalpop, Free Jazz, Zwölftonmusik. Und natürlich das Album, das David Bowie extra für dich geschrieben hat: „Heroes". Wenn du ein wirklich wahrer Held bist, hast du alles auf Vinyl. Denn wahre Helden hören analog.

Stolz präsentierst du deine Schallplattensammlung. Und auf besonderes Bitten lässt du den Tonarm deines sündhaft teuren Plattenspielers auf die ein oder andere Rarität sinken. Denn ein Held ist gern bereit, seinen guten Geschmack zu teilen – selbst mit ganz normalen Menschen.

Peinlich wird es allerdings, wenn der beeindruckte Gast die Sammlung allzu gründlich unter die Lupe nimmt. Denn dann wird er zwischen „V" wie „Captain Beefheart" (das Pseudonym des avantgardistischen Kunst- und Musikgenies Don Van Vliet – darum steht er unter „V") und „Z" wie „Zappa" (aber nur die Orchestermusik) eine besondere Rarität entdecken: „Polonäse Blankenese" von Gottlieb Wendehals. DAS zu erklären, ist auch für einen wahren Helden keine leichte Aufgabe.

Aber das schaffst du schon. Und zwar so:

→ Entweder ziehst du die Platte aus dem Regal und rufst: „Ach, DA ist mein Tortenuntersetzer!"

→ Oder du spielst die Platte rückwärts ab – dann klingt sie fast wie Don Van Vliet.

→ Am besten behauptest du, in dem Cover stecke eine besonders seltene Scheibe von Miles Davis. Bevor du gebeten wirst, sie aufzulegen, isst du die Platte vor den Augen deines Besuchers auf.

WIE MAN EINEN OPERNABEND GENIESST

Helden lieben Heldengeschichten. Besonders natürlich die eigenen. Aber auch die anderer Helden. Und die Geschichten der Kollegen erzählt niemand so eindringlich und dramatisch wie Richard Wagner.

Also sitzt du im Opernhaus deines Vertrauens, und während auf der Bühne gelitten und gerungen und gesungen wird, stellst du dir vor, wie du an Siegfrieds Stelle den Drachen niederringst. Und so träumst du bis zum Ende des dritten Aktes von einer Karriere als heldenhafter Drachentöter.

Nach knapp vier Stunden unterbrichst du deine Träumereien für den Moment, der allen besonders ans Herz geht: Siegfried durchschreitet den Feuerring und will seine Brünnhilde mit einem Kuss erwecken. Und ausgerechnet jetzt kribbelt es dir in der Nase. Aber so was von. Du musst niesen. Und noch mal. Und ein weiteres Mal. Es hört gar nicht mehr auf. Ein Niesanfall wie Donnerhall!

Alle Augen richten sich auf dich: Die der anderen Opernfans, die von Siegfried – und selbst die noch schlafende Brünnhilde blinzelt heimlich, um zu sehen, welcher Dilettant gerade diesen emotionalen Höhepunkt kaputt niest. Wie peinlich! Und das Schlimmste ist: Niemand ruft „Gesundheit!"

Vielleicht verneigst du dich und rufst: „Das war die Uraufführung meines Werks ‚Hatschi und Isolde'. Autogramme gibt es später im Foyer!" Wahrscheinlich aber flüchtest du einfach mit hochrotem Kopf aus dem Theater.

METHODEN, EINEN NIESANFALL IN DER OPER ZU VERHINDERN:

DIE EIMER-METHODE

DIE MÖHREN-METHODE

DIE ZUHAUSE-BLEIB-METHODE

WIE MAN ROMANTISCHE FILME SCHAUT, OHNE ZU WEINEN

Ein heikles Thema für jeden Helden ist Weinen. Tränen gelten auch heute noch für viele als unmännlich. Darum hältst du es mit deinem Alter Ego Chuck Norris: Wenn du Zwiebeln schneidest, weinst nicht du – dann weint die Zwiebel!

Frauen weinen im Durchschnitt 64-mal im Jahr, Männer hingegen nur 17-mal. Und für jeden dieser 17 Momente haben sie einen guten Grund. Denn wenn ein Held heult, dann muss etwas wirklich Tragisches passiert sein, wie der Verlust eines geliebten Menschen oder ein verlorenes Champions-League-Finale.

Was für Helden allerdings absolut tabu ist, sind Tränen der Rührung. Darum bevorzugst du Filme wie „Die nackte Kanone" oder „Hangover". Denn die Gefahr, dabei zu weinen, ist ungefähr so groß wie die, auf einem veganen Büfett einen Mett-Igel anzutreffen. Aber selbst bei Erotikfilmen müssen sensible Helden aufpassen. Schon mancher Mann ist in Tränen ausgebrochen, weil er bis zum Schluss gehofft hatte, dass die beiden Hauptdarsteller doch noch heiraten.

Es gibt allerdings Filme mit Heul-Garantie. Die solltest du unbedingt vermeiden. Es sei denn, du hast für die traurigsten Szenen einen Spruch parat, den du statt der Tränen raushauen kannst.

Haha statt Heulen ...

Film: BAMBI
Szene: Bambi ruft nach seiner Mutter
Spruch: „Muss der Kleine so rumbrüllen? Es gibt doch
                 WhatsApp-Gruppen!"

Film: E.T. – Der Außerirdische
Szene: E.T. stirbt
Spruch: „Gut für die Telefonrechnung der Familie – jetzt kann
                 er nicht mehr ‚nach Hause telefonieren'!"

Film: TITANIC
Szene: Jack Dawson versinkt im Meer
Spruch: „Tja, hätte er besser mal nicht nur Zeichenunterricht
                 genommen, sondern auch sein Seepferdchen
                 gemacht!"

WIE MAN MIT WÜRDE EINEN KARAOKE-ABEND BESTEHT

Held zu sein, ist ein Fulltime-Job. Schließlich ist es nicht nur Vergnügen, sondern auch Verpflichtung, stärker, mutiger und cooler zu sein als der Rest der Weltbevölkerung. Ein Held hat niemals frei, er ist immer im Dienst. Auch dann, wenn alle anderen feiern.

Wie zum Beispiel beim Karaoke-Abend. Für viele mag es ein Riesenspaß sein, zum Playback von „Er gehört zu mir" oder „The Winner Takes It All" eine Melodie zu schmettern, die mit dem Original ungefähr so viel zu tun hat wie Telefonkritzeleien mit einem Rembrandt-Gemälde.

Du aber zählst zu den Menschen, die auch nach dem vierten Prosecco noch wissen, dass ihre Version von „It's Raining Men" grauenhaft klingt. Also stellst du dich mit verschränkten Armen in die hinterste Ecke, schaust mit starrem Blick auf den Boden und hoffst, dass dich niemand bemerkt.

Allerdings kann das nicht lange gut gehen. In der Geschichte der Menschheit ist es noch nie jemandem gelungen, einen Karaoke-Abend zu überstehen, ohne selber ans Mikrofon zu müssen. Und natürlich zerren dich spätestens nach einer halben Stunde ein paar deiner aufgekratzten Freunde unter lautem Gejohle auf die Bühne.

Die Augen aller Partygäste sind auf dich gerichtet. Sie wollen erleben, wie du dich zum Affen machst. Aber den Gefallen tust du ihnen nicht. Denn ein Held findet immer einen Ausweg. Du wirst souverän deinen Auftritt abliefern – aber ohne den Mund aufzumachen. Wozu gibt es schließlich Instrumental-Songs?

Karaoke ohne Gesang – die schönsten Instrumental-Hits:

SAMBA PA TI	*(Carlos Santana)*
TEQUILA	*(The Champs)*
AXEL F.	*(Harold Faltermeyer)*
GREEN ONIONS	*(Booker T. & the M.G.s)*
PETER GUNN THEME	*(The Blues Brothers)*
ROCKIT	*(Herbie Hancock)*
LOVE SONG	*(Mark 'Oh)*
INSOMNIA	*(Faithless)*
POPCORN	*(Hot Butter)*

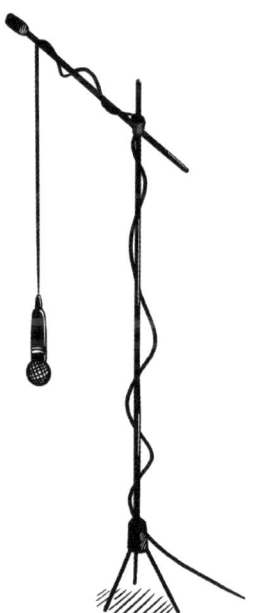

PLAN A: *SUPERHELD WERDEN*

PLAN B: *... ACH, PLAN A WIRD SCHON*

KLAPPEN!

DER WAHRE HELD
★ UND ★
SEIN KÖRPER

WIE MAN EINE ALKOHOLFAHNE KASCHIERT

Die Welt soll nicht nur sehen, dass du ein wahrer Held bist, sie soll es auch riechen. Darum hält jede Parfümerie eine große Auswahl von Herrendüften bereit – allesamt mit markanten Namen versehen: Sie heißen „Egoiste", „Allure" oder „Esprit du Tigre", und nicht „Nichtschwimmer Men" oder „Schattenparker pour homme". Denn das Auge riecht bekanntlich mit.

Der wahre Heldenduft kommt aber nicht aus dem Flakon, sondern aus dir selbst. Helden dürfen riechen. Nach Schweiß, nach Abenteuer, nach dem beißenden Rauch eines Lagerfeuers. Anders verhält es sich mit den Gerüchen, die aus deinem Mund kommen. Zwiebel, Mett und Knoblauch zählen nicht zu den Düften, die man mit großen Helden verbindet. Und falls du hin und wieder zur E-Zigarette greifst, sollten Aromen wie „Apfel" oder „Vanille" deine erste Wahl sein, und nicht „Thunfisch" oder „Harzer Roller".

Der Super-GAU unter den Mundgerüchen aber ist die Alkoholfahne. Und da Helden gerne feiern (vor allem sich selbst), riechst auch du hin und wieder wie ein schlecht gelüftetes Oktoberfestzelt. Wie peinlich.

Wenn alle Hausmittel wie Bonbons, Basilikum oder Mundspray versagen, hilft nur noch eins: einfach mal ein paar Stunden die Luft anhalten. Dann bekommst du zwar auch einen roten Kopf, aber immerhin nicht aus Verlegenheit.

FÜNF ANZEICHEN DAFÜR, DASS DU EINE FAHNE HAST:

➤ Das Alkoholmessgerät zeigt keine Promille-, sondern Prozentwerte an!

➤ Dein Gegenüber trägt eine Gasmaske!

➤ Wenn du in die Luft pustest, fallen ein paar Tauben tot vom Himmel!

➤ Sobald du den Mund aufmachst, wird in deiner Stadt Smogalarm ausgelöst!

➤ Wenn du eine Kerze auspustest, gibt es eine Stichflamme!

WIE MAN EINE DARMSPIEGELUNG ÜBERSTEHT

Sie zählt zu den wichtigsten Vorsorgeuntersuchungen für den Mann ab 50. Und trotzdem ist die Darmspiegelung für viele Männer ein echtes Horrorszenario. Selbst manchen Helden fällt es leichter, eine Frau im weißen Kleid aus den Fängen eines Riesengorillas zu retten, als sich in den eigenen Hintern schauen zu lassen. Aber ganz unter uns: Der Affe kann deutlich unangenehmer sein!

„Gastroenterologie" ist nicht nur ein Traumbegriff für jeden Scrabble-Fan – sie kann auch für die eigene Gesundheit ein Hauptgewinn sein. Denn Darmkrebs kann besiegt werden, wenn man ihn früh genug erkennt.

Als wahrer Held liebst du es, Sieger zu sein. Also stellst du dich der Herausforderung und merkst bald: Es gibt coolere Situationen, als überstürzt zur Toilette zu eilen, weil das Abführmittel schneller wirkt, als du dachtest. Aber als Held bist du es ja gewohnt, blitzschnell zu reagieren. Auch wenn du am nächsten Tag die Treppen zur gastroenterologischen Praxis deutlich zögerlicher hinaufsteigst …

Die Untersuchung selbst fühlt sich an wie der erste Sprung vom Zehnmeterbrett: Man hat im Vorfeld mächtig Respekt davor, aber wenn man sich einmal überwunden hat, ist es ganz schnell vorbei – und viel weniger schlimm als befürchtet. Und wenn du die richtigen Worte wählst, klingt das Ganze sogar nach Abenteuer – und nicht nach Arztbesuch.

Die erste Darmspiegelung – du kannst es auch so sagen:

WIE MAN MIT HAARAUSFALL UMGEHT

Jeder kann sich Helden ohne Furcht und Tadel vorstellen. Aber Helden ohne Haare? Das geht gar nicht! Allein in der Bibel wird mehr Haar gezeigt als auf einer Zuchtausstellung für Angorakatzen. Lange Matten, Rauschebärte – der einzige Unterschied zwischen den zwölf Aposteln und ZZ Top ist: ZZ Top sind nur zu dritt.

Bist auch du ein Held mit Haut und Haar? Dann genieße diesen Zustand jede einzelne Sekunde. Denn noch hast du mehr Haare als Lassie. Aber irgendwann kann es passieren – und du hast weniger als Flipper. Es beginnt mit ein paar einzelnen Härchen, die im Kamm zurückbleiben, und endet damit, dass das Abflusssieb nach dem Duschen aussieht, als hätte sich eine Wombatfamilie dort niedergelassen.

Keine Sorge: Du kannst auch mit Geheimratsecken oder Glatze ein wahrer Held sein. Du musst einfach nur dazu stehen. Denn alle Versuche, den Kampf gegen den Fellverlust aufzunehmen, sind vieles – nur nicht heldenhaft.

No-Go Nr. 1: DIE SCHERMASCHINE

Kaum zeigt sich die erste lichte Stelle, scheren sich viele Männer panisch eine Glatze. Warum? Wenn du an einer Stelle Karies hast, lässt du dir ja auch nicht alle 32 Zähne ziehen.

No-Go Nr. 2: DAS TOUPET

Ein Toupet sieht ungefähr so natürlich aus wie die Wangenknochen von Cher. Wenn du unbedingt einen Fiffi haben möchtest, hol dir einen aus dem Tierheim.

No-Go Nr. 3: HAARTRANSPLANTATION

Viele machen es wie Fußballtrainer Jürgen Klopp und forsten auf. Kann man aber auch lassen. Denn der Fake fliegt spätestens auf, wenn du mit Anfang 50 beim Zigarettenkauf deinen Ausweis vorzeigen musst.

WIE MAN BEIM BLUTSPENDEN SOUVERÄN BLEIBT

Wie für alle großen Persönlichkeiten gilt auch für dich: Helden helfen gern. Du kannst gar nicht mehr zählen, wie vielen alten Damen du schon über die Straße geholfen hast, ob sie wollten oder nicht. Und auch beim Thema Blutspende bist du einer der ersten, der „Hier!" ruft. Schließlich weißt du, dass Blutkonserven Leben retten können. Das gilt natürlich vor allem für echtes Heldenblut.

Es soll Männer geben, denen die Vorstellung unangenehm ist, eine Nadel in die Vene gerammt und dann literweise des eigenen, heißgeliebten Lebenssaftes beraubt zu werden. Doch du bist anders. Du bist tough. Du bist ein Held. Darum sagst du der Arzthelferin auch gleich zu Beginn: „Selbstverständlich verzichte ich auf eine Vollnarkose."

Trotz deines Löwenmuts und der dir angeborenen Bereitschaft, dich für deine Mitmenschen aufzuopfern, kann es passieren, dass dich in der Praxis ein leichtes Gefühl der Beklommenheit überkommt. Also – du als wahrer Held nennst es „Beklommenheit". Andere würden „Panikattacke" dazu sagen. Da du aber um deinen guten Ruf bemüht bist, wirst du das den medizinischen Fachkräften nicht unter die Nase reiben. Brauchst du auch nicht. Sie werden es auch so bemerken.

FÜNF HINWEISE, DASS DU ANGST VOR DER BLUTABNAHME HAST:

➤ Schon beim Einlesen deiner Versichertenkarte fällst du in Ohnmacht!

➤ Zum Termin bringst du Knoblauch, ein Kreuz und einen Holzpflock mit!

➤ Du drohst mit einer Harpune:
„Wenn Sie mich stechen, stech ich Sie!"

➤ Du weigerst dich, deine Ritterrüstung abzulegen!

➤ Du sagst dem Arzt: „Nehmen Sie den Arm, an dem es mir am wenigsten wehtut – also Ihren!"

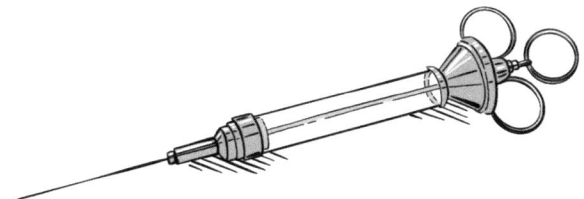

PLAYLIST FÜR WAHRE HELDEN:

DAVID BOWIE: „HEROES"

BONNIE TYLER: „HOLDING OUT FOR A HERO"

ENRIQUE IGLESIAS: „HERO"

REVOLVERHELD: „HELDEN 2008"

DRAGONFORCE: „HEROES OF OUR TIME"

WISE GUYS: „DIE WAHREN HELDEN"

JOHN LENNON: „WORKING CLASS HERO"

SARAH CONNOR: „FROM ZERO TO HERO"

TINA TURNER: „WE DON'T NEED ANOTHER HERO"

PRINCE: „BATMAN"

FETTES BROT: „SPIDERMAN & ICH"

... UND ALLES VON „WIR SIND HELDEN".

DER WAHRE HELD
★ UND ★
DIE MODE

WIE MAN AUCH OHNE SCHUHE EINE GUTE FIGUR MACHT

Was Männer wie dich auszeichnet: Sie sind immer perfekt angezogen. Du legst großen Wert auf deine Kleidung. Deine Garderobe ist eine perfekt abgestimmte Sinfonie des guten Geschmacks.
Wenn allerdings auch nur ein Detail fehlt, ist der gute Eindruck dahin.

Darum bist du auch nicht begeistert, wenn du einer privaten Einladung folgst und vom Gastgeber schon an der Wohnungstür aufgefordert wirst, deine Schuhe auszuziehen. Hallo? Wie sieht das denn aus: ein Held ohne Schuhe?

Der einzige Held, der auch barfuß eine gute Figur macht, ist Tarzan. Okay, und Bruce Lee. Und Donald Duck natürlich. Vielleicht auch. noch Mahatma Gandhi. Das war's dann aber auch. Außer vielleicht noch Mogli. Und unsere Olympiahelden im Beachvolleyball ... Es hilft nichts, du musst zugeben: Helden brauchen nicht zwangsläufig Schuhe. Du aber schon. Denn für dich wird es ohne schnell peinlich.

Vielleicht hast du Schweißfüße (Heldenschweiß zwar, aber auch der müffelt). Oder möchtest du nicht, dass jeder deine Benjamin-Blümchen-Motivsocken sieht. Das peinlichste: Du ziehst deine Schuhe aus, und jeder sieht, dass du Sieben-Zentimeter-Größer-Einlagen trägst.

Andererseits kannst du dich auch nicht drücken. Der einzige Weg, sich ohne Schuhe besser zu fühlen als mit: Schuhwerk, das noch peinlicher ist als das, was darunter zum Vorschein kommt.

SCHUHE, DIE AUCH EIN HELD GERN AUSZIEHT:

WIE MAN UNTÄTOWIERT EIN TATTOO-STUDIO VERLÄSST

Jeder vierte Deutsche ist tätowiert. Wenn auch du bereits ein Tattoo trägst, kannst du dieses Kapitel überspringen und stattdessen etwas anderes lesen (zum Beispiel die chinesische Weisheit auf deinem Unterarm, von der du annimmst, sie lautet: „Der Weg ist das Ziel." Aber vielleicht hatte dein Tätowierer auch einfach Humor und hat stattdessen geschrieben: „Auberginen, das Kilo nur 2,49").

Bislang war dein Motto: „Ich brauche kein Tattoo – man macht ja auch keine Aufkleber auf einen Ferrari." Du bist halt selbstbewusst. Aber auch ein bisschen wehleidig. Trotzdem kann es passieren, dass auch du irgendwann darüber nachdenkst, dich für die Ewigkeit verzieren zu lassen.

Wir wissen alle: Helden kennen keinen Schmerz. Aber sie sind auch nicht scharf darauf, ihn kennenzulernen. Nur, wie willst du das deiner Freundin klarmachen, die sich nichts sehnlicher wünscht als ein Zeichen deiner Liebe? Nämlich ihren Namen auf deinem Oberarm? Um nicht als Weichei dazustehen, begibst du dich ins Tattoo-Studio (in Begleitung der Liebsten, denn sie traut deinem Löwenmut nicht ganz). Du bist bereit, dich dem Schmerz zu stellen, auch wenn du dir in dem Moment wünschst, du wärst mit einer Lea zusammen – und nicht mit deiner Anastasia-Bernadette.

Eine ausweglose Situation? Mitnichten.

So kommst du unbemalt aus der Nummer raus:

Du liegst auf dem Stuhl, die Augen geschlossen, die Zähne zusammengebissen. Das Surren der Tätowiermaschine macht dir eine Gänsehaut. Das ist der Moment, aufzuspringen und das Ganze ohne Gesichtsverlust zu beenden. Der Satz, der dich rettet, ist dieser:

→ „Schatz, fühl mal die Gänsehaut! Wenn das kein Liebesbeweis ist! Das ist dein Name in Blindenschrift!"

WIE MAN MIT EINER NASSEN HOSE UMGEHT

Man kann nicht den ganzen Tag Heldentaten vollbringen. Es gibt immer wieder Momente, in denen auch du nur ein ganz normaler Mann bist, der ganz alltäglichen Bedürfnissen nachkommt. Zu diesen Bedürfnissen zählt der Gang zur Toilette. Und natürlich das anschließende Händewaschen. Zu Hause ist das kein Problem. Aber in Restaurants und Kneipen stehst du hin und wieder vor Herausforderungen, die du aus den eigenen vier Wänden nicht kennst. Die Rede ist von Waschbeckenarmaturen.

Die Bandbreite ist riesig: Es gibt Zweihandmischbatterien, Einhandmischer, Hebelarmaturen, Wasserhähne mit Bewegungssensor ... meistens erkennst du mit deinem Heldenblick sofort, was du tun musst, um das Wasser zum Laufen zu bringen. Was du aber nicht immer sofort erkennst: wie viel Wasser läuft! Und wenn der Wasserstrahl überraschend kräftig aus der Leitung schießt, ist es oft schon zu spät – und die Fontäne trifft deine Hose ausgerechnet dort, wo du es am wenigsten brauchen kannst: mitten im Schritt!

Du fühlst dich wie ein zweijähriges Kind, dem Mama vergessen hat, eine Windel anzuziehen. Und du weißt, dass deine Kumpels draußen an der Theke genau die gleiche Assoziation haben werden. Aber das kannst du verhindern.

Du hast genau drei Möglichkeiten:

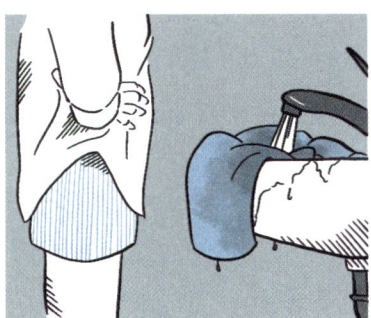

HOSE KOMPLETT WÄSSERN

FLIEHEN

FÖHNEN

WIE MAN EINE MOTTO-PARTY ÜBERSTEHT

Du bist nicht nur ein wahrer Held, sondern auch ein echtes Feierbiest. Besonders gern gehst du auf Motto-Partys, denn da kannst du zeigen, dass du immer eine gute Figur machst – egal in welchem Outfit.

Auf die Party mit dem Motto „Schlager der 70er" hast du dich besonders gefreut. Stundenlang bereitest du dich akribisch vor. Es dauert halt, bis ein Kerl wie du so aussieht wie Mireille Mathieu. Aber jetzt ist alles perfekt: Bart ab, Beine rasiert, Pagenfrisur, Lippenstift, das Kleine Schwarze und High Heels – wenn man es nicht besser wüsste, würde man glauben, der echte „Spatz von Avignon" steht da.

Um den Effekt deines Auftritts zu erhöhen, stößt du erst nach 23 Uhr zur Feier, denn das Beste kommt bekanntlich immer zum Schluss. Mit geschlossenen Augen betrittst du die Party-Location und trällerst ein zartes „La Paloma ade". Erst als die erwarteten „Bravo"-Rufe ausbleiben, öffnest du langsam die Augen. Und machst sie sofort wieder zu. Denn vor dir stehen sieben Bruce Lees, vier Mal Chuck Norris, zwölf Lookalikes von Bud Spencer und drei Terence Hills.

Schmerzlich wird dir bewusst: Das Motto war nicht „Schlager der 70er", sondern „Schläger der 70er"!

Wie kommst du da wieder raus?

SCHLECHTE LÖSUNG:
Du semmelst dir mit deiner eigenen Clutch eine rein. Ohnmächtig ist diese hochpeinliche Situation irgendwie besser zu ertragen.

GUTE LÖSUNG:
Du sagst mit tiefer Stimme: „Da staunt ihr, was? So sieht Hulk ohne Gammastrahlen aus!"

BESTE LÖSUNG:
Du sagst: „Hallo, ich bin die Frau von Chuck Norris und will meinen Mann abholen. Er sollte um zehn Uhr zu Hause sein!"

WIE MAN EINEN EINKAUFSBUMMEL ÜBERLEBT

Abgemagerte Straßenkatzen an der Costa Brava, an der Autobahnraststätte ausgesetzte Hunde, Legehennen in Käfighaltung – diese armen Wesen verdienen selbstverständlich unser Mitgefühl. Wer aber denkt an die bemitleidenswerteste Kreatur überhaupt: den wahren Helden, der seine Liebste beim Shopping begleitet?

Auch du gehörst zu dieser bedauernswerten Spezies. Wie oft schon hast du stundenlang vor einer Umkleidekabine ausgeharrt? Alleingelassen. Ohne Wasser. Ohne feste Nahrung. Und ohne zu wissen, ob sie je wieder rauskommt.

Aber du tust es gern, obwohl dir deine Funktion nicht ganz klar ist. Denn wenn sie nach gefühlten Stunden aus der Kabine tritt, in ein neues Kleid gehüllt, und dich fragt: „Und?", dann ist deine Antwort ohne jede Relevanz.

Du sagst: „Das sieht toll aus!" Sie probiert ein weiteres Kleid an.

Du sagst: „Das erste hat mir besser gefallen." Sie wird trotzdem das zweite kaufen.

Du sagst: „Lass uns beide kaufen!" Sie wird ein drittes anprobieren.

Insofern ist es wirklich heldenhaft, dass du diesen Liebesbeweis immer wieder erbringst. Und dank deinem Smartphone fühlt sich die Wartezeit mittlerweile auch nicht mehr ganz so lang an. Aber da die Akkuleistung für einen durchschnittlichen Einkaufsbummel niemals ausreichen wird, nimm dir besser etwas zu lesen mit. Zum Beispiel alle drei „Herr der Ringe"-Bände.

DER WAHRE HELD BEIM EINKAUFSBUMMEL

NACH DEM ERSTEN KLEID

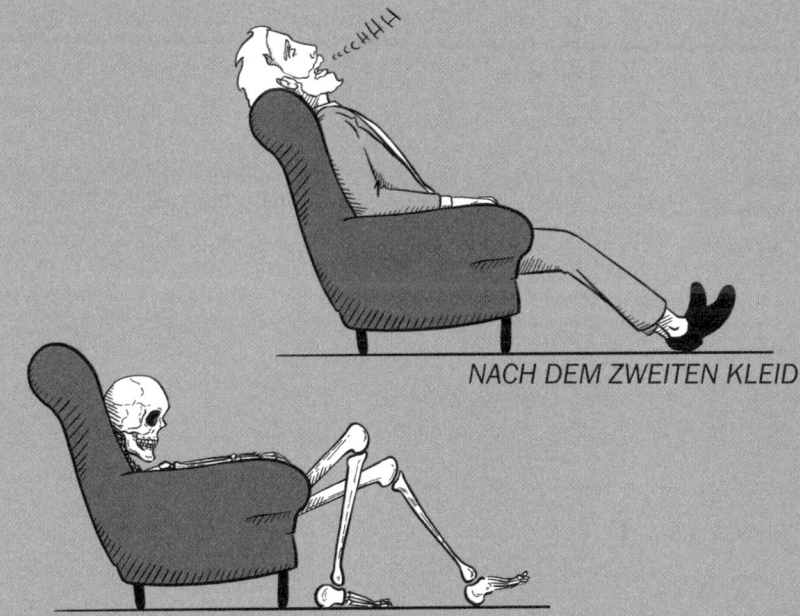

NACH DEM ZWEITEN KLEID

NACH DEM DRITTEN KLEID

„WIR KÖNNEN NICHT ALLE HELDEN
SEIN. IRGENDWER MUSS
SCHLIESSLICH AUCH AM WEGRAND
SITZEN UND IHNEN ZUJUBELN."

WILL ROGERS (1879–1935), US-AMERIKANI-
SCHER HUMORIST UND SCHRIFTSTELLER

DER WAHRE HELD
UNTER
MENSCHEN

★

WIE MAN OHNE FEUER GRILLT

Wahre Helden kochen nicht, sie grillen. Am Grill fühlen wir uns richtig männlich, wie damals, als wir Männer gerade das Feuer entdeckt hatten und das Mammut nun auch endlich medium well genießen konnten.

Du hast deine Kollegen zum Grillabend auf deine Dachterrasse geladen und an alle gedacht: an die Fleischfreunde (Rib-eye-Steak), an die Vegetarier (Grillkäse) – sogar an den einzigen Veganer in der Runde (Paprika). Perfekt.

Du greifst zum einzigen Feuerzeug, das du besitzt, hältst es an den Grillanzünder und – nichts passiert! Ausgerechnet jetzt ist das Ding leer! Was tun?

➤ Du reibst zwei Stöckchen aneinander. Nichts.

➤ Du hältst eine Lupe zwischen untergehende Sonne und Grillkohle. Nichts.

➤ Du schlägst zwei Kiesel gegeneinander. Nichts.

➤ Du wirfst dein Smartphone ins Bier, in der Hoffnung, dass es beim Kurzschluss zumindest eine Stichflamme gibt. Nichts.

Wie unangenehm. Und jetzt?

SO MACHT ES DAS WEICHEI:

Deine Kollegen sind Lästermäuler. Den Ruf als Grillversager wirst du nie wieder los. Also nimmst du dir ein Herz und springst von der Dachterrasse.

SO MACHT ES EIN MANN:

Du verschwindest in einem unbeobachteten Moment mit dem Grillgut in der Küche, brätst es in der Pfanne und legst es dann zurück auf den kalten Grill. Aber lass dich nicht erwischen, sonst stehst du nicht nur als Grillversager da, sondern auch noch als Betrüger.

SO MACHT ES EIN HELD:

Du verkündest, dass aus Umweltgründen heute roh gegessen wird – für die Zukunft unserer Kinder („Frikadellen for Future"). Als du bemerkst, wie die Kollegen angeekelt auf die rohen Steaks schauen, gehst du mit gutem Beispiel voran und beißt genussvoll in die Paprika.

WIE MAN ÜBER SICH SELBER LACHT

Als wahrer Held lebst du nach dem Motto: „Geht nicht gibt's nicht."
Du kannst einfach alles – mit einer einzigen Ausnahme: Es fällt dir
schwer, über dich selbst zu lachen. Klar, du gibst dazu auch wenig
Anlass. Bewunderung, Dankbarkeit, Anerkennung – ja. Aber Lachen?
Worüber denn bitte? Dafür bist du leider viel zu heroisch und perfekt!

Aber du wärst kein wahrer Held, wenn du es nicht trotzdem versu-
chen würdest. Da du von einer Witzfigur so weit entfernt bist wie der
Papst vom „Bachelor", gibt es eigentlich nur EINE Chance, über dich
zu lachen. Erzähl dir selbst ein paar Witze – und du wirst dich garantiert zum Schießen finden!

DARÜBER LACHEN WAHRE HELDEN:

→ Chuck Norris und Superman haben eine Wette abgeschlossen. Der Verlierer muss seitdem seine Unterhose über der Hose tragen!

→ Chuck Norris rasiert sich nicht – er rodet!

→ Chuck Norris kann unter Wasser nicht atmen. Er tut es trotzdem.

→ Wie hört es sich an, wenn Chuck Norris angelt? „Du, du und du – rauskommen!"

→ Chuck Norris trinkt seinen Kaffee am liebsten schwarz – ohne Wasser!

→ Chuck Norris wurde gestern geblitzt – beim Einparken!

→ Chuck Norris isst keinen Honig – er kaut Bienen!

→ Manche Menschen können viele Liegestütze machen – Chuck Norris kann ALLE!

→ Chuck Norris bekommt im Baumarkt auch 20 Prozent auf Tiernahrung!

→ Chuck Norris kann Gemüse töten!

WIE MAN PASSENDE GESCHENKE FINDET

Ein Held gibt gern. Das ist seine Bestimmung. Auch du schenkst gern. Und du suchst deine Präsente stets sorgfältig aus. Schließlich sollten Geschenke Freude machen. Also machst du dir in der Vorweihnachtszeit unzählige Gedanken, bis du für jeden in der Familie etwas Passendes gefunden hast.

Bei deiner Mama ist es am einfachsten: Sie bekommt diesmal wieder einen Gutschein für einen Fallschirmsprung. Den vom letzten Jahr fand sie anscheinend so toll, dass sie es bis heute nicht übers Herz gebracht hat, ihn einzulösen. Das kann auch an ihrer Höhenangst liegen. Naja, zur Not löst du den Gutschein für sie ein. Einen Fallschirmsprung wolltest du immer schon mal machen.

Auch dein Vater ist leicht zu beschenken. Die neuen Joggingschuhe sind der Renner. Für ihn sind sie zwar zwei Nummern zu groß, aber zum Glück passen sie dir. Und du brauchtest eh ein neues Paar. So bleiben sie zumindest in der Familie.

Der größte Erfolg jedoch ist die Carrera-Bahn, die du mit viel Liebe ausgesucht hast. Den Aufbau übernimmst du persönlich. Denn das ist ein Job für wahre Helden. Nach einer ersten, anderthalbstündigen Probefahrt schaust du hoch und fragst: „Und? Freust du dich, Oma?"

Die Blicke deiner Eltern und deiner Oma verraten: Sie haben dich durchschaut. Es ist dir ein wenig unangenehm, aber jetzt kannst du wenigstens beweisen, wie heldenhaft und uneigennützig du sein kannst.

Du sagst:
„Okay, Oma: Die Topflappen, die du mir geschenkt hast, sind zwar traumhaft schön, aber wenn dir mein Geschenk nicht gefällt, dann lass uns einfach tauschen."

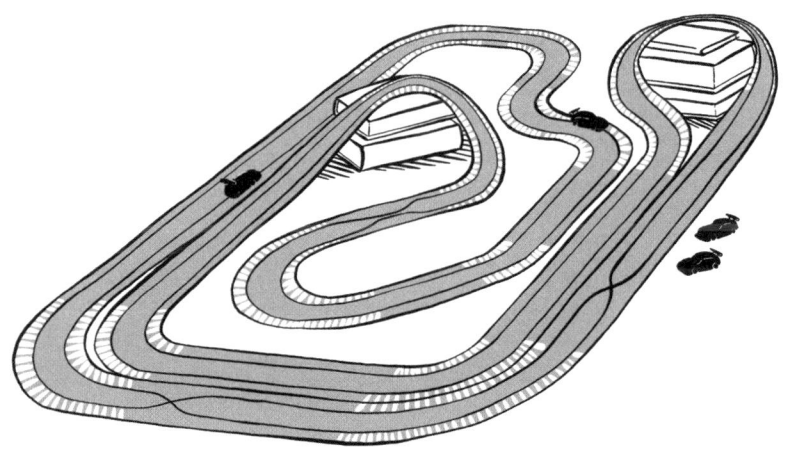

WIE MAN RECHT BEHÄLT

Das Leben als Held ist oft einsam. Das weißt du natürlich. Und zwar, ohne dass du es hättest googeln müssen. Denn du weißt alles. Und damit schließt sich der Kreis. Denn das, was du als umfassendes Allgemeinwissen begreifst, empfinden andere als Klugscheißen. Und Klugscheißer sind nun mal einsam.

Aber als wahrer Held bist du selbstlos. Darum lässt du dich nicht davon abhalten, deine Umwelt an deinem unglaublichen Wissen partizipieren zu lassen. Du kannst sämtliche Champions-League-Sieger seit 1992 aufzählen und kennst dich mit giftigen Pilzen genauso gut aus wie mit seltenen Krankheiten und spätromanischer Architektur. Außerdem bist du überzeugt davon, als einziger zu wissen, wie man den Namen „Matthew McConaughey" richtig ausspricht (einschließlich seiner eigenen Mutter). Bei „Wer wird Millionär?" hast du Hausverbot. Und wenn Google mal nicht weiter weiß, dann fragen sie dich.

Doch selbst dir kann es passieren, dass du mal was Falsches sagst. Für einen echten Besserwisser ist das ganz schön peinlich. Dabei warst du gerade bei deinem Spezialthema „Pablo Picasso" so sicher. Schließlich hast du alle seine Platten.

Einen Fehler einzugestehen, ist nicht dein Ding. Darum setzt du lieber noch einen drauf, um deinen Status als Wissens-Champion wiederherzustellen.

Sechs Fakten, die kaum jemand kennt und die garantiert stimmen:

DAS WOODSTOCK-FESTIVAL FAND NICHT IN WOODSTOCK STATT, SONDERN IM 76 KILOMETER ENTFERNTEN BETHEL.

Die Oktoberrevolution begann am 7. November 1917.

Die Galle ist kein Organ, sondern die Flüssigkeit in der Gallenblase.

Die Hauptstadt von Australien ist Canberra.

Du weißt nicht alles.

DER ERSTE BOND-DARSTELLER WAR NICHT SEAN CONNERY, SONDERN BARRY NELSON – IN DEM 1954 GEDREHTEN TV-FILM „CASINO ROYALE".

WIE MAN BEI EINEM KLASSENTREFFEN AUFFÄLLT

Je länger deine Schulzeit zurückliegt, desto interessanter werden die Klassentreffen. Damals wart ihr alle jung, verrückt und voller Ideen. Was ist wohl aus den ehemaligen Schulfreunden geworden? Zumindest für die männlichen Klassenkameraden ist diese Frage leicht zu beantworten: Sie haben sich allesamt zu wahren Helden entwickelt. Genau wie du.

Eigentlich verwunderlich, dass vor der Schule ausschließlich Familienkombis und Kleinwagen parken. Man hätte eher das Batmobil und ein paar Kampfpanzer erwartet. Na ja, vielleicht haben es die wahren Superhelden so wie du gemacht und sind mit dem Bus gekommen. Man will ja was trinken.

Und so schaust du dich um, ob du unter all den dickbäuchigen, glatzköpfigen Durchschnittstypen den Klassen-Beau, das Physikgenie oder das Fußball-Ass von damals ausfindig machen kannst. Erstaunlich, wie der Zahn der Zeit an den Kollegen genagt hat. Und zwar an jedem – außer an dir.

Allen geht es großartig. Alle sind superglücklich. Und alle haben Erfolg. Stolz reiben sich die ehemaligen Mitschüler gegenseitig ihre Trophäen unter die Nase: Fotos von Rennbooten, Reitpferden und Traumhäusern. Auch du zückst dein Smartphone und präsentierst die Villa am Comer See, die du dir von deiner ersten Million geleistet hast. Die Kameraden reagieren wie erwartet: mit einer Mischung aus Neid und Bewunderung.

Bis einer sagt: „Das Foto hab ich auch gegoogelt. Die Bude gehört George Clooney."
Wie peinlich! Aber egal. Du wolltest eh gerade gehen.

UND FÜR DIE ZUKUNFT MERKST DU DIR:

➤ Ziehe für deine Heldentaten nie wieder die ersten 50 Treffer der Suchmaschine heran!

WIE MAN ZU SEINEN EIGENEN SCHWÄCHEN STEHT

„Nobody is perfect" – ein Ausspruch, der auch für dich gilt. Zumindest, solange dich deine Mitmenschen weiterhin mit deinem wahren Namen ansprechen: „Nobody". An dir ist alles genau so, wie es sein sollte. Du bist „Mister Perfect". Das Sympathische ist: Du weißt, dass das nicht dein Verdienst ist. Du bist so zur Welt gekommen. Es hätte auch jeden anderen treffen können, aber das Schicksal hat nun mal dich ausgewählt. Hut ab vor deiner eigenen Bescheidenheit!

Allerdings hast du auch noch nie genauer nachgeschaut. Und es ist auch gar nicht nötig, dich bei dir selbst auf Fehlersuche zu begeben – das übernehmen andere für dich. Sollte wider Erwarten doch mal jemand einen klitzekleinen Makel an dir entdecken, gehst du mit der Kritik um wie ein wahrer Held: besonnen, uneitel und souverän. Das bedeutet: Du bist nur wenige Stunden beleidigt. Und nachdem sich der anschließende, tränenreiche Tobsuchtsanfall gelegt hat, denkst du dir: Okay, was soll's? Wer ist schon perfekt? Jeder Held hat seine Schwachstellen. Vor allem die anderen ...

BERÜHMTE HELDEN UND IHRE SCHWACHSTELLEN

HARRY POTTER ➤ kurzsichtig

HULK ➤ kann keine Schleife binden

TARZAN ➤ hat nichts anzuziehen

ODYSSEUS ➤ ohne Navi aufgeschmissen

SPIDER-MAN ➤ hat nur zwei Beine

WINNETOU ➤ Mädchenfrisur

SUPERMAN ➤ Kryptonit-Allergie

JAMES BOND ➤ kann nur bis 007 zählen

BATMAN ➤ braucht Jahre, um eine Ladung
Buntwäsche zusammenzubekommen

KÄPT'N HOOK ➤ kann nicht in die Hände klatschen

FANTA 4 ➤ einer muss beim Skat immer aussetzen

GROSSES KINO FÜR WAHRE HELDEN:

EIN WAHRER HELD (1979)

EIN GANZ NORMALER HELD (1992)

LAST ACTION HERO (1993)

ROBIN HOOD – HELDEN IN STRUMPFHOSEN (1993)

THE HERO (1995)

HELDEN WIE WIR (1999)

HELDEN DER NACHT (2007)

SAM – EIN FAST PERFEKTER HELD (2016)

... UND NATÜRLICH DER FILM „FAST EIN HELD"
(1967) MIT HAUPTDARSTELLER MARTIN HELD!